Inhalt

Hedging-Strategien - wie sie sich seit der Finanzkrise geändert haben und weiter ändern werden

Kernthesen

Beitrag

Fallbeispiele

Weiterführende Literatur

Impressum

Hedging-Strategien - wie sie sich seit der Finanzkrise geändert haben und weiter ändern werden

Gerhard Dengl

Kernthesen

- Die Absicherung von Währungsrisiken wird sich demnächst einem deutlichen Wandel unterziehen, wenn der Dollar als Leitwährung teilweise abgelöst wird durch den Euro und den Yuan.
- Das Natural Hedging kommt in dieser unklaren Übergangssituation als attraktive Alternative in Betracht. Dabei schafft man im Unternehmen reale Verhältnisse, zum

Beispiel durch die Standortwahl, um das Währungsrisiko auszuschließen.
- Zusätzliche Nachfrage nach Hedging-Dienstleistungen ergeben sich auch aus Solvency II. Zukünftig wird es sich für Versicherungsunternehmen stärker lohnen, Extremrisiken abzusichern.
- Anbieter aus dem Schattenbanken-Sektor, insbesondere Hedge-Fonds, haben sich auf das Anbieten von Sicherungsdienstleistungen spezialisiert und könnten von der steigenden Nachfrage profitieren.

Beitrag

Was ist "Hedging"?

Der Begriff "Hedging" (Englisch: to hedge, "absichern") bezeichnet ein finanzielles Geschäft zur Absicherung einer Transaktion gegen Risiken wie beispielsweise Zins- und Wechselkursschwankungen oder Veränderungen von Rohstoffpreisen. Um eine Transaktion zu "hedgen", wird eine weitere, genau gegenläufige Transaktion eingegangen. Auf diese Weise wird das Risiko aus der Ursprungstransaktion eliminiert. Der Preis dafür ist der Preis des Hedging-

Geschäftes. Beim Hedging kommen häufig Derivate und Termingeschäfte zum Einsatz. Sicherungsgeschäfte können sowohl über Börsen als auch bilateral ("over-the-counter") abgeschlossen werden. Viele Unternehmen beauftragen ihre Hausbank mit der Ausarbeitung und gegebenenfalls der Umsetzung der Hedging-Strategie. (9)

Neue IFRS-Regeln zum Hedge Accounting

Das International Accounting Standards Board (IASB) überarbeitet derzeit die Bilanznormen für Finanzinstrumente und legt nun einen Entwurf zur Abbildung von Sicherungsbeziehungen vor. Die Regelungen zum Hedge Accounting gehören zur Phase III des Projekts zur Ablösung des bisherigen Standards IAS 39 zur Bilanzierung von Finanzinstrumenten durch den neuen IFRS 9. Phase I (Ansatz und Bewertung von Finanzinstrumenten) und Phase II (Impairment) des Projekts sind ebenfalls noch in Arbeit. Das für Banken wichtige Macro-Hedge-Accounting zur Darstellung dynamischer Sicherungsbeziehungen ist aus dem IFRS-9-Projekt mittlerweile heraus definiert worden.

Die Neuregelungen bringen vor allem Industrieunternehmen Erleichterungen in der

Rohstoffabsicherung. Ein Vorteil ist die Abbildung der Sicherung von Nettopositionen, zum Beispiel durch die Saldierung von Ein- und Verkäufen, bei denen sich Risiken gegenseitig ausgleichen; hier muss zukünftig nur noch die Differenz abgesichert werden.

Der neue Standard erweitert darüber hinaus die Anzahl möglicher Sicherungsinstrumente. Bislang durften Unternehmen, abgesehen von einigen Ausnahmen, nur mit Derivaten absichern. Zukünftig ist nun jede Form von Finanzinstrument als Sicherungsinstrument möglich, das mit dem Fair Value bewertet wird. [1]

Solvency II als Triebfeder für bestimmte Hedging-Strategien

Das Regelwerk "Solvency II" bestimmt wohl ab 2014 wie Versicherungs- und Rückversicherungsunternehmen ihre Eigenkapitalanforderungen zu ermitteln haben. Nach den neuen Regeln werden die Unternehmen einen Vorteil davon haben, aktive Sicherungsstrategien einzusetzen. Insbesondere relevant dürften das für Investments in die Assetklasse Aktien sein, die klassischerweise ein breiteres Risikospektrum aufweisen. Am lohnenswertesten wird aus regulatorischer Sicht die Absicherung von

Extremrisiken - sogenannte "tail risks" - sein. Das aktive Management speziell der Aktienrenditen mittels Optionen wird daher aufgrund von Solvency II wahrscheinlich stark ansteigen. (2)

Schattenbanken als Partner in Sicherungsbeziehungen

Als Schattenbanken werden Institute und Aktivitäten bezeichnet, die Bankgeschäfte betreiben, ohne selbst Banken zu sein. Beispiele dafür sind Finanzunternehmen, Hedge-Fonds, Investment-Fonds, Geldmarkt-Fonds oder Investmentbanken. Es ist dabei zu beachten, dass nicht jeder Fonds automatisch dem Schattenbanksektor zuzuordnen ist, sondern nur derjenige, der aus dem einen oder anderen Grund nicht der Bankenaufsicht unterliegt.

Schattenbanken bieten dem Finanzsystem eine Reihe von Vorteilen. Sie sind in der Regel innovativer und günstiger als Banken in der Erbringung bestimmter Finanzdienstleistungen. Hauptsächlich, aber nicht ausschließlich, sind das das Liquiditätsmanagement und das Hedging. Letzteres wird größtenteils von Hedge-Fonds angeboten, die durch ihre Spezialisierung auf dieses Geschäftsfeld Effizienz- und damit Kostenvorteile bieten. Hedge-Fonds könnten damit die großen Profiteure einer steigenden

Nachfrage nach Hedging-Dienstleistungen sein.

Obwohl die Diskussion um eine stärkere Regulierung der Schattenbanken seit Jahren anhält, ist keine wirkliche Einigung in Sicht. Zu groß sind letzlich die Vorteile, die die Akteure am Finanzmarkt aus der Existenz der Schattenbanken ziehen. (3), (4)

Trends

Währungshedging wird sich ändern müssen

Derzeit stehen die Sterne günstig, um Verträge zum Währungshedging abzuschließen. Die Volatilität an den Devisenmärkten ist gering, und die Zinsen sind niedrig - das ermöglicht eine günstige Absicherung. (10)

Das könnte sich aber schon bald fundamental ändern. Obwohl die Auswirkungen derzeit in der realen Wirtschaft noch nicht deutlich sichtbar sind, ist es für Akademiker und Zentralbank-Experten nur noch eine Frage der Zeit, wie lange der Dollar noch die weltweite Leitwährung bleiben wird. Es wird immer offensichtlicher, dass der Euro und noch stärker der Yuan diese Rolle zukünftig mitübernehmen werden. Statt einer einzigen Leitwährung könnte es für eine längere Zeit gleich drei davon geben. Die Auswirkungen davon wird jeder CFO spüren, wenn es darum geht, die Sicherungsverträge, die heute meist auf Dollar lauten, zusätzlich noch in den anderen beiden Währungen abzusichern oder sich für eine der drei zu entscheiden. Welche Strategie hierfür die richtige ist, wird sich noch zeigen müssen. Klar ist aber schon jetzt, dass man sich in international operierenden Unternehmen auf diese Veränderung einstellen muss. (7)

Natural Hedging als attraktive Alternative

Als Natural Hedging wird beispielsweise der Umstand bezeichnet, dass der Rohstoffeinkauf nicht in der Zielwährung des einkaufenden Unternehmens getätigt wird, sondern in der Ausgangswährung des jeweiligen Lieferanten. Auf diese Weise ist zumindest das Währungsrisiko ausgeschaltet, ohne dass hierfür zusätzliche Kosten entstehen.

Das Natural Hedging ist damit eine Absicherungsstrategie, die nicht über Finanzkontrakte erfolgt, sondern über reale Verhältnisse im Unternehmen. Dies hat

Auswirkungen auf die Standortwahl und auf die Vertragsgestaltung.

Ein Beispiel sind Schweizer Unternehmen. Im Jahr 2010, als der Franken deutlich an Stärke gewonnen hatte, wurde es für exportierende Unternehmen schwieriger, ihre Waren in den Zielländern abzusetzen. Diejenigen Unternehmen, die ihre Exportverträge allerdings in den lokalen Währungen geschlossen hatten, konnten ihre Waren problemlos weiterverkaufen. (5)

Fallbeispiele

Hongkonger Börse lanciert lieferbare Kontrakte zum Hedging von Währungsrisiken

Die zunehmende Verwendung des Yuan als Vertragswährung im Handel und das steigende Interesse von Investoren, sich in der chinesischen Währung zu engagieren, bringen erstmals Yuan-Future-Kontrakte auf den Markt. Damit ist der Grundstein für eine Währungsabsicherung gelegt. Der Börsenbetreiber Hong Kong Exchanges & Clearing lanciert das erste entsprechende Derivat, den Offshore Renminbi Future Contract. Als nächstes wird die weltgrößte Terminbörse Chicago Mercantile Exchange (CME) mit einem ähnlichen Produkt aufwarten. Diese Tendenzen belegen die steigende Bedeutung des Yuan als Wirtschaftswährung und potenzielle zukünftige Leitwährung. (8)

Gerätehersteller Rational setzt auf Natural Hedging

Das Maschinenbauunternehmen Rational aus Landsberg ist gut durch die Finanzkrise gekommen und weist auch sonst ein paar Unterschiede zum traditionellen Wettbewerb auf. Ein wichtiger Unterschied besteht darin, dass die Produktion sehr schlank aufgestellt ist. Was den internationalen Einkauf und Vertrieb angeht, ist Rational bemüht, Verträge mit den lokalen Zulieferern und Abnehmern so zu schließen, dass sich kein Währungsrisiko ergibt. Das Natural Hedging hat daher einen hohen Stellenwert in der Ertragsplanung. (6)

Weiterführende Literatur

(1) Mehr Transparenz für Rohstoffrisiken
Internationaler Standardsetzer legt Regeln für Hedge Accounting vor - Fortschritt für Industriekonzerne

aus Börsen-Zeitung, 08.09.2012, Nummer 174, Seite 12

(2) Absicherungsstrategie mit Schutz vor Extremrisiken
aus Börsen-Zeitung, 17.07.2012, Nummer 135, Seite 2

(3) Shadow Banking: Hintergründe und Herausforderungen (1)
aus Die Bank, Heft 10/2012, S. 80-83

(4) Shadow Banking: Hintergründe und Herausforderungen (2)
aus Die Bank, Heft 11/2012, S. 18-23

(5) BUYOUT-RETURN-MODELL Einfluss der Finanzkrise auf die wesentlichen Wertgeneratoren
aus Der Schweizer Treuhänder, Vol. 86, Heft 12/2012, S. 953-960

(6) "Die Schwäche des Euro ist für uns tatsächlich positiv" Der Finanzchef des Gargerätespezialisten über Vorteile der Staatsschuldenkrise, die Unabhängigkeit vom Finanzmarkt und die Kunst eines hohen Mittelzuflusses
aus Börsen-Zeitung, 28.07.2012, Nummer 144, Seite 11

(7) Währungswelten
aus FINANCE - Der Markt für Unternehmen und Finanzen Heft September/Oktober vom 14.09.2012, Seite 18

(8) Startschuss für Futures auf den chinesischen Yuan Hongkonger Börse lanciert lieferbare Kontrakte

zum Hedging von Währungsrisiken - Auch CME bastelt an neuen Yuan-Derivaten
aus Börsen-Zeitung, 18.09.2012, Nummer 180, Seite 5

(9) Geschäftssteuerung bei Banken und Unternehmen
aus FINANCE - Der Markt für Unternehmen und Finanzen Heft Sonderbeilage November 2012 vom 26.10.2012, Seite 10

(10) Zeit für Währungshedging nutzen Geringe Volatilität am Devisenmarkt und niedrige Zinsen machen die Absicherung günstig
aus Börsen-Zeitung, 29.11.2012, Nummer 231, Seite 18

Impressum

Hedging-Strategien - wie sie sich seit der Finanzkrise geändert haben und weiter ändern werden

Bibliografische Information der deutschen Nationalbibliothek

Die Deutsche Nationalbibliothek verzeichnet diese Publikation in der deutschen Nationalbibliografie; detaillierte bibliografische Daten sind im Internet über http://dnb.d-nb.de abrufbar.

ISBN: 978-3-7379-0527-5

© 2015 GBI-Genios Deutsche Wirtschaftsdatenbank GmbH, Freischützstraße 96, 81927 München, www.genios.de

Alle Rechte vorbehalten. Dieses Werk ist einschließlich aller seiner Teile – z.B. Texte, Tabellen und Grafiken - urheberrechtlich geschützt. Jede Verwertung außerhalb der Grenzen des Urheberrechtsgesetzes bedarf der vorherigen Zustimmung des Verlags. Dies gilt insbesondere auch für auszugsweise Nachdrucke, fotomechanische

Vervielfältigungen (Fotokopie/Mikroskopie), Übersetzungen, Auswertungen durch Datenbanken oder ähnliche Einrichtungen und die Einspeicherung und Verarbeitung in elektronischen Systemen.